Aquesta és la història d'una castanyera.
Es deia Tana i era molt bona dona.
Els nens l'estimaven molt perquè, quan
no tenien diners, els regalava castanyes.

També l'estimaven per una cosa divertida.
Sovint els convidava a casa seva i els
explicava contes fantàstics. Ells tancaven
els ulls i tot semblava de veritat.

La Tana esperava la tardor, quan les
fulles dels arbres es tornen de color d'or,
el vent bufa fort i les arremolina com
si ballessin una sardana esbojarrada.

Llavors sortia la castanyera. Amb faldilla
ratllada, cosset fosc i al cap, manteleta
vermella nuada sota la barba. S'asseia
al seu lloc, com una figureta de roba.

Les castanyes es torraven deixant una oloreta deliciosa tot al voltant.
—Comprin, comprin castanyes torrades! Castanyes calentones! —cridava la Tana.

Cap al tard, quan el fred era més viu, la castanyera tornava a casa. Una caseta petita i polida com de fireta. I preparava les castanyes per a l'endemà.

La Tana esperava el dia de Tots Sants
perquè feia molts dinerons. A la nit,
tothom celebrava la festa amb panellets
i, sobretot, amb castanyes torrades.

Però, uns dies abans de la festa, una dona estranya, com una mena de bruixa, entrà a ca la Tana i li robà les castanyes que tenia per torrar i després fugí corrents.

Era una altra castanyera: una dona trista
i rabiüda. Envejava la Tana perquè els
nens l'estimaven tant i a ella mai no li
compraven castanyes ni li feien cap rialla.

Com plorava, pobra Tana! Es va arraulir
prop del foc i vinga resar fins que es
quedà adormida com un nen petit.
I veureu què va passar...

Els infants, com cada dia, tot anant a
l'escola, compraven castanyes a la Tana,
però aquell dia en veure que no era
al seu racó, van córrer cap a casa seva.

La trobaren plorant, morta de fred. Els ho
explicà tot. Els nens, compadits, i ben de
cor, trencaren les guardioles i, entre tots, li
compraren un saquet de castanyes crues.

Compteu l'alegria de la Tana en veure
el bé de Déu de castanyes per coure! Els
abraçava tots amb tendresa, emocionada.
—Sou els nens més macos del món! —els deia.

Entretant, la castanyera rabiüda torrava
les castanyes robades. De cop, començaren
a saltar fent uns espetecs terribles, rodolant
carrer avall. Tothom fugia cames ajudeu-me.

—Això és un càstig per haver robat i tingut
enveja —pensà ella. I, decidida, anà a
demanar perdó a la Tana. Ella la perdonà
de bon cor i van ser bones amigues.

Llavors passà que els nens decidiren
comprar-li castanyes i s'hi van acostar
amb un somriure. Ella tancà els ulls per
no plorar i mai més no va estar trista.